LE CHAT

ENTRE CHATS ET CHIENS

Deux livres en un

Par les chats
tel que raconté à Howie Dewin

Texte français de Claudine Azoulay

Éditions

Catalogage avant publication de Bibliothèque et Archives Canada

Dewin, Howard
Le chien : entre chiens et chats : deux livres en un / Howie Dewin ;
texte français de Claudine Azoulay.

Titre de la p. de t. additionnelle, tête-bêche: Le chat, entre chats et chiens.
Traduction de: The dog : dogs rule and cats drool! et The cat : cats rule and dogs drool!
ISBN 978-0-545-98815-5

1. Chiens--Ouvrages pour la jeunesse. 2. Chats--Ouvrages pour la jeunesse.
I. Azoulay, Claudine II. Titre. III. Titre: Chat, entre chats et chiens.
SF426.5.D4814 2008   j636.7   C2008-903233-0

Édition publiée par les Éditions Scholastic,
604, rue King Ouest, Toronto (Ontario) M5V 1E1
5 4 3 2 1   Imprimé au Canada   08 09 10 11 12

Note de l'éditeur :

Toutes les opinions exprimées dans ce livre sont soit félines, soit canines. Nous aimons autant les chats que les chiens... ou autant les chiens que les chats, si tu préfères.

Les chats et les chiens ont apporté des contributions importantes à la société. Les uns comme les autres méritent l'amour et l'admiration qu'ils reçoivent des gens faisant partie de leurs vies. *(Même si ces animaux s'entendent parfois... comme chien et chat!)*

Nous aimerions remercier les deux groupes. Chats et chiens se sont efforcés de ne pas se battre afin d'éviter que nos réunions se transforment en échanges déplorables de coups de griffe et de grognements.

Nous pensons que cela en valait la peine puisque ce livre nous plaît vraiment. Dans l'ensemble, nous avons tous eu du plaisir à le faire. Nous espérons que tu auras autant de plaisir à le lire!

Tu vas maintenant découvrir en quoi les chats sont hautement supérieurs aux chiens.

La structure squelettique

Les chats possèdent 230 os et 500 muscles. *(Dix pour cent de ces os se trouvent dans la queue.)*

Cependant, certains chats ont quelques os de plus. C'est parce que nous n'avons pas tous le même nombre de doigts! Un chat possède normalement cinq doigts à chaque patte avant et quatre à chaque patte arrière. Mais certains d'entre nous ont jusqu'à sept doigts aux pattes avant et arrière.

Si on nous croit sournois et rusés, c'est en partie à cause de notre morphologie. En effet, nous n'avons pas de clavicule! Nous pouvons donc nous faufiler dans des espaces qui semblent trop petits pour nous. Le seul souci, c'est de faire passer notre tête. Une fois la tête engagée, le reste du corps suivra.

En plus, les chats ont des pattes semblables à des ressorts. Nous pouvons sauter jusqu'à sept fois notre hauteur!

Bof, seulement quand j'en ai envie!

Le pelage

Le pelage est très important chez nous, les chats. Nous avons environ 9 500 poils au centimètre carré sur notre dos et environ 19 000 poils au centimètre carré sur notre ventre. Ça en fait des poils!

La langue râpeuse des chats est couverte de minuscules crochets qui leur permet de nettoyer leur pelage. Notre langue nous aide à rester beaux, *en plus* d'être bien pratique au moment du repas.

Peu de gens en ont conscience, mais il faut beaucoup de salive de chat pour nettoyer un corps recouvert de poils. Notre salive renferme même une sorte de détergent qui garde notre pelage propre!

La vision

Les chats ont de très grands yeux. Proportionnellement à la taille de notre corps, nos yeux sont plus grands que ceux de tous les autres mammifères. C'est sans doute pour cette raison que nous sommes capables de voir ce qui se passe de chaque côté de notre tête. Notre champ de vision est de 185 degrés.

Nous possédons aussi une troisième paupière, la paupière nictitante. Tu n'auras l'occasion de la voir que le jour où nous ne nous sentirons pas bien. Mais ce n'est pas la seule chose intéressante à propos des yeux des chats.

Nous voyons six fois mieux que les humains grâce à une couche de cellules réfléchissantes présente dans nos yeux. Ces cellules absorbent la lumière; il nous faut donc moins de lumière pour voir.

Voici quelques infos intéressantes sur les yeux des chats :

- Un chaton a toujours les yeux bleus.

- Nous, les chats, sommes incapables de voir directement sous notre museau.

- Nous distinguons le bleu, le vert et le rouge.

Tu vois? Nous t'avions bien dit que nous étions super intéressants.

L'ouïe

Les chats possèdent 32 muscles dans chaque oreille. Cela nous permet de faire des choses bizarres, comme tourner les oreilles sur le côté ou n'en bouger qu'une à la fois. C'est sans doute aussi pour cette raison qu'un chat tourne la tête en direction d'un bruit 10 fois plus vite qu'un chien. Et vlan, les chiens!

Pour comparer...

Nous, les chats, pouvons produire plus de **100 sons différents.** Les chiens ne peuvent en produire qu'une dizaine!

Même si les conduits auditifs des chatons nouveau-nés sont fermés jusqu'à l'âge de neuf jours, ils deviennent excellents par la suite. En fait, nos conduits auditifs à nous, les chats adultes, sont conçus pour capter les sons. Par conséquent, nous entendons des bruits – comme les pas d'une souris dans des herbes hautes – à une distance de neuf mètres. *(Tant mieux pour nous. Tant pis pour les souris.)*

 Le goût

As-tu déjà vu l'un d'entre nous ouvrir la bouche pour sentir quelque chose? On dirait presque que nous goûtons l'odeur. En fait, nous utilisons notre organe de Jacobson, situé sur la partie supérieure de notre bouche. Cet organe spécial nous aide à déterminer précisément ce que nous sentons.

Puisqu'il est question d'odeur et de goût, nous aimerions dissiper un malentendu : ce ne sont pas tous les chats qui aiment l'herbe à chat! Seulement la moitié environ d'entre nous en raffolent. C'est de famille; si une chatte et un chat aiment l'herbe à chat, leurs chatons l'aimeront sans doute aussi.

En revanche, une chose est certaine : les sucreries n'ont aucun goût pour nous, les chats. Notre langue n'a pas le type de récepteurs qu'il faut. Alors pas de gâteaux d'anniversaire ni de pommes caramélisées à l'Halloween. *(D'ailleurs, nous sommes incapables de bouger nos mâchoires de côté. Il nous est donc impossible de manger un truc comme du caramel!)*

Bon à savoir...

Presque tous les chats
adorent les sardines!

L'alimentation

Pour établir un régime alimentaire sain pour un chat, on procède comme pour un humain. Il faut absolument y inclure certains éléments. Les chats ont besoin de protéines, de glucides, de matières grasses, de vitamines, de minéraux et d'eau.

C'est très important pour nous, les chats, de consommer des matières grasses. En effet, le corps des chats ne produit pas de gras. Si nous n'en recevons pas dans notre alimentation, nous devenons très maigres.

Il faut aussi veiller à ne pas nous donner uniquement ce que nous préférons. Par exemple, une trop grande quantité de thon peut nous causer des problèmes, car il ne renferme pas certains éléments nutritifs importants. Pour les obtenir, nous devons donc consommer d'autres aliments.

Et ne t'inquiète pas pour l'herbe. Certains d'entre nous aiment manger de l'herbe parce qu'elle facilite la digestion.

Avis d'intérêt public...

Les aliments pour chiens ne conviennent pas aux chats.
À la longue, ils peuvent même nous rendre aveugles, car ils ne renferment pas de *taurine*, un élément nutritif essentiel pour nous.

Tours et dressage

Bien des gens pensent que les chats sont incapables d'apprendre des tours et qu'on ne peut pas vraiment nous dresser.
Ce n'est pas tout à fait vrai!
On a réussi à dresser beaucoup de chats en les récompensant avec des gâteries. Certains d'entre nous viennent quand on les appelle et d'autres savent exécuter toutes sortes de tours.

De plus, les scientifiques ont démontré que le cerveau du chat est plus proche du cerveau humain que ne l'est celui du chien. Alors, si nous ne passons pas beaucoup de temps à faire des tours, c'est parce que nous sommes trop intelligents pour ce genre d'idioties.

Pour notre défense

Les experts insistent pour dire que l'obéissance et la capacité à être dressé ne sont pas de bons critères pour juger de l'intelligence d'un animal. Nous tenions à le faire savoir.

Nous, les chats, sommes parfois surprenants. Même si nous passons la majorité de notre temps à dormir, de nombreux chats accomplissent quand même un travail très important.

Certains chats travaillent dans des résidences pour personnes âgées afin que ces gens ne se sentent pas trop seuls. D'autres chats empêchent les souris d'envahir les maisons et les restaurants. *(Certains chats ont même vécu dans les tranchées avec les soldats durant la Première Guerre mondiale, pour en chasser les souris!)*

Et bien entendu, beaucoup d'entre nous considèront que c'est notre travail de vérifier la qualité des meubles de la maison. Nous passons donc beaucoup de temps à tester s'ils sont suffisamment moelleux et confortables. C'est une tâche difficile, mais il faut bien que quelqu'un la fasse.

Pour notre défense

Difficile de garder un travail quand on **dort de 16 à 18 heures par jour.** Si nous pouvions rester éveillés plus que la durée d'une journée d'école, nous aurions davantage de chances de nous trouver du travail. Malheureusement, nous, les chats, avons besoin de beaucoup de repos.

En compagnie des humains

On dit que les chats sont apparus en Europe vers l'an 900 avant J.-C. Les historiens pensent que nous serions arrivés à bord de navires marchands phéniciens. Toutefois, le premier peuple à avoir domestiqué les chats est celui des Égyptiens de l'Antiquité. Vers l'an 3000 avant J.-C., ils se servaient déjà des chats pour chasser les animaux nuisibles. Nous faisions un excellent travail. Alors les Égyptiens nous en étaient très reconnaissants. Les chats sont arrivés en Amérique avec les Pèlerins. Nul doute que nous étions chargés d'éliminer les rongeurs sur le *Mayflower*.

En fait, cette chasse aux animaux nuisibles nous a rendus très populaires. Par exemple, au Siam (aujourd'hui la Thaïlande), un chat trônait toujours sur un char qui menait la parade organisée pour célébrer un nouveau roi.

La domestication

Les chiens sont domestiqués depuis deux fois plus longtemps que les chats. Et pourtant, en 1987, nous, les chats, sommes devenus l'animal domestique numéro 1 en Amérique.

Héros et amis célèbres

Comme chez les humains, certains chats sont célèbres, d'autres non. En voici quelques-uns qui se sont faits un nom au fil des années.

🐾	**All Ball**	Le chat de Koko le gorille
🐾	**Blackie**	Le chat le plus riche de tous les temps (Il a hérité de 15 millions de livres!)
🐾	**Duchesse**	La chatte vedette du dessin animé *Les aristochats*
🐾	**Grampa**	Un des chats les plus vieux (34 ans)
🐾	**Morris**	Le chat capricieux des annonces publicitaires d'aliments pour chats
🐾	**Patsy**	A posé avec Charles Lindbergh sur le *Spirit of St. Louis*
🐾	**Scarlett**	A sauvé ses chatons d'un immeuble en flammes à Brooklyn
🐾	**Towser**	Détient le record du chat ayant tué le plus de souris (plus de 28 000)

Les chats : race par race

🐱 LE PLUS POPULAIRE

On compte plus de 80 millions
de chats en Amérique du Nord.
Les plus populaires sont le persan,
le maine coon et le siamois.
Toutefois, un sondage a révélé
que la plupart des Nord-Américains
ont déjà adopté un chat errant, ce
qui nous incite à croire que les chats sont encore plus
nombreux qu'on ne veut bien l'avouer!

🐱 LE PLUS GROS

Le record du chat
le plus gros revient
à Katy, en Russie.
Cette chatte pèse
20 kilos. *(Note : Être aussi
gros, ce n'est pas bon
pour la santé et nous ne
l'encourageons pas.)*

🐱 LE PLUS SUSCEPTIBLE D'INFECTER

Une morsure de chat est beaucoup plus susceptible de s'infecter qu'une morsure de chien.

🐱 LE PLUS BRUYANT

Le siamois est connu pour sa voix particulière. On a toujours l'impression qu'il se plaint.

🐱 LE PLUS SÉDUISANT

Note : Un chat qui n'est pas séduisant, ça n'existe pas.
Voici quand même quelques frimousses qui attirent le
plus l'attention :

HIMALAYEN **BENGALE** **PERSAN**

Euh, pas de photos,
s'il vous plaît!

🐱 LE COMIQUE DE LA CLASSE

Avons-nous l'air de plaisanter?
Nous laissons aux chiens ces histoires de clown.

🐱 LE PLUS INTELLIGENT

Êtes-vous en train d'insinuer que certains d'entre nous ne seraient pas intelligents?

🐱 LE PLUS SUSCEPTIBLE D'AVOIR DU SUCCÈS

Le succès peut prendre diverses formes...

🐾 Au cours de sa vie, une chatte tabby, nommée Dusty, a donné naissance à 420 chatons!

🐾 Quand un chat bondit sur une souris, il l'attrape environ une fois sur trois.

🐾 En Floride, un chat est tombé du 16ᵉ étage d'un immeuble... et il a survécu!

🐾 Au Texas, un chat nommé Creme Puff a vécu jusqu'à l'âge très avancé de 37 ans!

🐱 LE PLUS ATHLÉTIQUE

Ce n'est pas pour nous vanter, mais il est difficile de trouver un chat qui ne soit pas athlétique!

🐾 S'il a peur, un chat de n'importe quelle race est capable de courir à 48 kilomètres à l'heure. L'humain le plus rapide ne peut courir qu'à 44,6 kilomètres à l'heure. Toutefois, puisque seuls les chats qui ont peur courent à une telle vitesse, nous ne savons pas si cette donnée entre dans la catégorie de celui qui a le plus peur ou du plus athlétique.

🐾 Le chat typique n'a pas besoin d'avoir peur pour sauter. La plupart d'entre nous sont capables de sauter jusqu'à sept fois leur hauteur.

🐾 Nous, les chats, nous réveillons plus rapidement que n'importe quelle autre créature. (Bien entendu, puisque nous dormons plus souvent, nous sommes mieux entraînés.)

LE PLUS HEUREUX

Tu plaisantes? Qui a inventé ces catégories? Les chiens?

LE PLUS « MÉLANGÉ »

La majorité des chats, sans doute.

LE PLUS DIFFICILE

Nous, les chats, avons une seule chose à dire : nous ne sommes pas difficiles. C'est toi qui es difficile, voilà!

À propos des chats...

Si les animaux pouvaient parler, le chien serait un compagnon franc et gaffeur, mais le chat aurait la rare délicatesse de ne jamais dire un mot de trop.
— Mark Twain

Un chat viendra si vous l'appelez... s'il n'a rien de mieux à faire.
— Bill Adler

Le plus petit des félins est un chef-d'œuvre.
— Leonardo da Vinci

Méfiez-vous des gens qui n'aiment pas les chats.
— Proverbe irlandais

Les chiens ont des maîtres, les chats ont des serviteurs.
— Dave Barry

Le temps passé avec un chat n'est jamais perdu.
— Colette

Chaque espèce a son mot pour rire.

Pourquoi la souris tousse-t-elle?

Parce qu'elle a un chat dans la gorge.

Quel est le comble pour un chat?

De ne pas savoi « chatter » sur Internet.

Quand les chats partent-ils en vacances?

À la mi-août.

Quelle est la danse préférée des chats?

Le cha-cha-cha.

Chers chiens,

Nous aimerions profiter de l'occasion pour remercier les chiens (parce que l'éditeur nous a dit de le faire). Alors, merci, les chiens.

À l'exception de quelques petits emportements, vous avez vraiment fait preuve de maturité. (Tu parles! Une vraie bande de chiots!)

Alors, merci beaucoup de vous être si bien conduits pendant la réalisation de ce livre. Nous sommes très contents de ne pas nous être fait dévorer en travaillant avec vous.

Nous vous souhaitons bonne chance en prison... c'est-à-dire dans vos niches.

Donnez-nous de vos nouvelles. (Pas besoin.) Nous le ferons aussi. (Sûrement pas.)

Vos amis,

Les chats

LE CHIEN

ENTRE CHIENS ET CHATS

Deux livres en un

Par les chiens
tel que raconté à Howie Dewin

Texte français de Claudine Azoulay

Éditions
■SCHOLASTIC

Catalogage avant publication de Bibliothèque et Archives Canada
Dewin, Howard
Le chien : entre chiens et chats : deux livres en un / Howie Dewin ;
texte français de Claudine Azoulay.
Titre de la p. de t. additionnelle, tête-bêche: Le chat, entre chats et chiens.
Traduction de: The dog : dogs rule and cats drool! et The cat : cats rule and dogs drool!
ISBN 978-0-545-98815-5
1. Chiens--Ouvrages pour la jeunesse. 2. Chats--Ouvrages pour la jeunesse.
I. Azoulay, Claudine II. Titre. III. Titre: Chat, entre chats et chiens.
SF426.5.D4814 2008   j636.7   C2008-903233-0

Édition publiée par les Éditions Scholastic,
604, rue King Ouest, Toronto (Ontario) M5V 1E1
5 4 3 2 1   Imprimé au Canada   08 09 10 11 12

Toutes les opinions exprimées dans ce livre sont soit canines, soit félines. Nous aimons autant les chiens que les chats... ou autant les chats que les chiens, si tu préfères.

Les chiens et les chats ont apporté des contributions importantes à la société. Les uns comme les autres méritent l'amour et l'admiration qu'ils reçoivent des gens faisant partie de leurs vies. *(Même si ces animaux s'entendent parfois... comme chien et chat!)*

Nous aimerions remercier les deux groupes. Chiens et chats se sont efforcés de ne pas se battre afin d'éviter que nos réunions se transforment en échanges déplorables de coups de griffe et de grognements.

Nous pensons que cela en valait la peine puisque ce livre nous plaît vraiment. Dans l'ensemble, nous avons tous eu du plaisir à le faire. Nous espérons que tu auras autant de plaisir à le lire!

Tu vas maintenant découvrir en quoi les chiens sont hautement supérieurs aux chats.

La structure squelettique

Nous, les chiens, possédons 319 os. Toutefois, certains d'entre nous ont la queue courtaudée, c'est-à-dire raccourcie ou coupée. Ces chiens ont donc forcément moins d'os *(et en sont un peu vexés)*.

Les muscles et les tendons des chiens diffèrent très peu de ceux des êtres humains. Toutefois, le haut de notre corps doit supporter la moitié de notre poids. C'est pourquoi les chiens ont le haut du corps plus développé que celui des humains.

En plus, nous sommes faits pour courir. Si on les compare à d'autres carnivores (mangeurs de viande), les chiens ont les pattes longues et non flexibles. Nos jambes sont très longues si on les compare à la taille de notre corps. Cela nous permet de courir vite et longtemps. Cette caractéristique était importante quand nous devions chasser pour survivre.

Les chiens ont cinq doigts aux pattes avant, et quatre aux pattes arrière. *(En fait, les chiens marchent sur leurs doigts.)* Nos pattes sont conçues pour supporter le stress et les chocs engendrés par une course incessante.

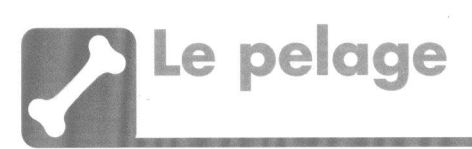

Le pelage

Le pelage du chien remplit plusieurs fonctions. Il sert d'isolant, protège la peau et est utile pour la perception sensorielle. Et ce n'est pas tout! Si le pelage contient beaucoup de graisse, il est en plus imperméable.

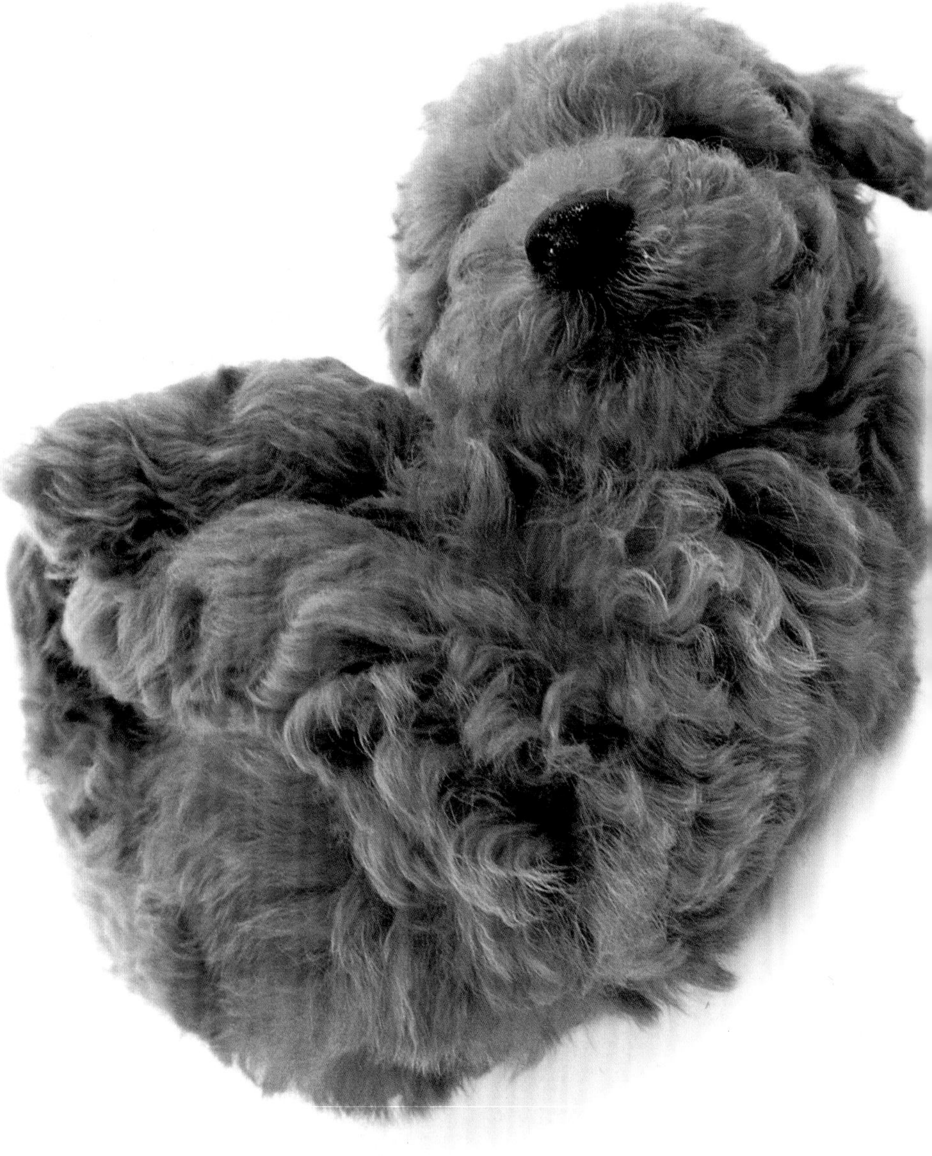

Chez certaines races, le pelage remplit d'autres fonctions spéciales. Par exemple, certains chiens élevés dans des régions froides (comme les huskies) ont des poils sous les pattes, destinés à les protéger de la neige. Certaines races ont des poils sur les yeux et dans les oreilles pour empêcher la saleté d'y entrer.

Le pelage du chien comporte trois types de poils. Une couche douce et duveteuse recouvre notre peau et conserve la chaleur. La fourrure extérieure plus rude protège notre sous-poil de l'humidité et du froid. Enfin, nos moustaches sont aussi un type de poil!

Et tous ces types de poils ont une chose en commun : nous les perdons tous.

Ça fait suer...

Les chiens utilisent leur langue surtout pour haleter puisque c'est ainsi qu'ils transpirent... par leur langue! Les chats transpirent par les coussinets de leurs pattes (c'est pourquoi ils laissent des traces quand ils sont chez le vétérinaire ou ailleurs et qu'ils sont nerveux).

La vision

Il y a une chose importante à savoir au sujet de la vision des chiens. Notre odorat et notre ouïe sont excellents! En fait, ils compensent notre vision qui n'est pas aussi bonne que celle des chats (*ou même que celle des humains*).

En revanche, nos yeux ont plusieurs particularités qui nous permettent de distinguer les ombres et de détecter facilement les mouvements. De plus, dans la pénombre, nous voyons mieux que les humains.

Ce n'est pas vrai que nous ne distinguons pas les couleurs. Cependant, nous ne distinguons pas autant de couleurs que les humains.

J'adore prendre un bain dans ma **bassine grise...** c'est une blague!

Pour notre défense

Ce n'est pas parce que les **chatons ouvrent les yeux plus tôt** que les chiots qu'ils sont plus intelligents. Ça veut simplement dire qu'ils savent plus tôt s'ils ont besoin de lunettes!

L'ouïe

En plus d'entendre très bien, les chiens sont capables de distinguer avec précision la provenance d'un son, **de quoi il s'agit et s'il représente un danger.** Une des raisons qui explique cette faculté, c'est que nous pouvons bouger nos grandes oreilles et les orienter en direction du son.

Mais ce n'est pas la seule raison. Les chiens entendent presque deux fois plus de fréquences que les humains. **Notre ouïe a également une portée quatre fois supérieure à celle des humains.** Si tu entends un bruit à 6 mètres, un chien peut sans doute l'entendre à 24 mètres environ. *(Ça, c'est un exploit!)*

Les chiens entendent tellement bien qu'ils deviennent nerveux dans le silence total. Nous prenons le silence pour un avertissement puisque, dans un monde normal, nous entendons toujours du bruit.

Le goût

L'appétit est fortement associé au sens de l'odorat. As-tu déjà remarqué comme une bonne odeur peut brusquement te donner faim? Alors, imagine si tu étais un chien! Notre odorat est environ 44 fois meilleur que celui d'une personne. Voilà pourquoi nous avons faim presque en permanence.

En réalité, notre sens du goût n'est pas aussi aiguisé que ça. Pour être capables de goûter quelque chose, animaux et humains ont besoin de papilles gustatives. Nous, les chiens, possédons beaucoup moins de papilles gustatives que les humains. *(Même si nous en avons beaucoup plus que les chats.)*

Ce tableau te permettra de savoir qui a un bon sens du goût et qui ne l'a pas :

🐾	**Chats**	473 papilles gustatives
🐾	**Chiens**	1 706 papilles gustatives
🐾	**Humains**	9 000 papilles gustatives

🦴 L'alimentation

Nous, les chiens, pouvons manger des plantes et des animaux pour obtenir les éléments nutritifs dont nous avons besoin. Voici ce qu'il faut savoir au sujet de notre alimentation :

🐾 Il nous suffit de manger une ou deux fois par jour pour nous sentir bien. Nous n'avons pas besoin de manger aussi souvent que les chats parce que nous pouvons manger de plus grandes quantités à la fois.

Comme pour tous les animaux, un excès alimentaire n'est pas bon pour la santé. Tu n'as qu'à passer tes mains sur les flancs de ton chien pour savoir s'il mange trop. Tu devrais pouvoir sentir sa cage thoracique. Si tu ne la sens pas, tu devrais sans doute en parler à ton vétérinaire afin de trouver un régime alimentaire plus sain pour ton chien.

De belles dents...
Les chiens ont 42 dents.
Les chats en ont 30.

Tours et dressage

Nous ne voulons pas passer pour des vantards, mais il faut bien avouer que sur le plan des tours et du dressage, les chiens sont les meilleurs!

Voici ce que les chiens sont capables de faire : s'asseoir, se coucher, rouler sur le dos, faire le beau, aboyer, bondir, courir, aller chercher un objet, marcher au pied, garder, grogner et montrer les dents. **Donnez-nous une gâterie et nous nous occuperons du reste.**

Le meilleur ami de l'homme a parlé. Ouah!

(Bien entendu, ce livre ne vise pas à dire en quoi LES CHIENS VALENT MIEUX QUE LES CHATS. Nous nous sommes tous mis d'accord là-dessus. Il s'agit plutôt de savoir quelles sont nos ressemblances et nos différences. Jamais nous ne dirions que LES CHIENS VALENT MIEUX QUE LES CHATS. Jamais. Ce serait mal de dire que LES CHIENS VALENT MIEUX QUE LES CHATS. Alors, s'il te plaît, après la lecture de ce livre, ne t'imagine surtout pas que LES CHIENS VALENT MIEUX QUE LES CHATS.)

🐾 Le travail

Les chiens aident les êtres humains depuis toujours. En fait, la plupart des races de chiens existent parce que ceux-ci ont été élevés dans le but d'effectuer des travaux en particulier.

Voici quelques races de chiens et le travail pour lequel ils sont nés :

🐾 **Corgi** = rassembler les troupeaux

🐾 **Teckel** = éliminer les rongeurs

🐾 **Beagle** = chasser

🐾 **Labrador** = nager (pour récupérer les filets de pêche!)

Certains chiens sont devenus excellents pour faire d'autres travaux, même s'ils n'ont pas été élevés spécialement pour ça.

- 🐾 **Berger allemand** = contrôler le trafic de la drogue
- 🐾 **Saint-bernard** = rechercher et secourir les gens

Quand les humains nous ont-ils domestiqués? Eh bien, il y a divergence d'opinions! Certaines preuves indiquent que cela remonte à 15 000 ans. Toutefois, selon d'autres scientifiques, il semblerait que les chiens aient été domestiqués… il y a 100 000 ans! Par contre, tout le monde est d'accord pour dire que les chiens descendent tous des loups.

Les premiers chiens sont sans doute apparus en Chine. C'est peut-être pour cette raison que 14 races de chiens anciennes sont encore associées à l'Asie. Ce sont notamment le chow-chow, le sharpeï, l'akita inu et le basenji.

Depuis ce temps-là, nous, les chiens, avons fait nos preuves à maintes reprises. Notre fidélité et notre travail nous valent bien l'appellation de « meilleur ami de l'homme ».

Héros et amis célèbres

Tu connais sans doute ces chiens célèbres :

- 🐾 **Benji** (joué par Higgins)
- 🐾 **Lassie** (la première Lassie était jouée par Pal)
- 🐾 **Rin Tin Tin** (qui jouait son propre rôle)
- 🐾 **Toto** (joué par Terry)

Pourtant, les chiens légendaires ne sont pas tous devenus des vedettes grâce au grand écran.

LES ATHLÈTES
- 🐾 **Ashley Whippet** (Première championne de frisbee)
- 🐾 **Balto** (chien de traîneau sauveteur à Nome, en Alaska)
- 🐾 **Chinook** (chien de traîneau de tête de l'expédition de Byrd en Antarctique)

LES CHIENS ASTRONAUTES
- 🐾 **Belka** (*Spoutnik 5*)
- 🐾 **Laika** (*Spoutnik 2*, le premier chien en orbite)
- 🐾 **Strelka** (*Spoutnik 5*)

LES HÉROS DE GUERRE
- 🐾 **Chips** (Seconde Guerre mondiale)
- 🐾 **Horrie** (Seconde Guerre mondiale – a sauvé beaucoup d'Australiens en Égypte)
- 🐾 **Judy** (Seconde Guerre mondiale, Marine britannique)

Les chiens : race par race

LE PLUS POPULAIRE

Actuellement, le labrador est le chien
le plus populaire en Amérique du Nord.
C'est la race la plus fréquemment
enregistrée depuis 1991.

Toutefois, d'autres races aimeraient partager les faits
suivants avec toi :

- Le plus grand nombre de chiens appartenant
à une seule personne : 5 000. Il s'agissait des
mastiffs de Kubla Khan.

- En Égypte ancienne, les humains recevaient le même
châtiment pour avoir tué un lévrier que pour avoir
tué un homme.

- En 2007, le yorkshire terrier
s'est classé deuxième dans
la catégorie des chiens
les plus populaires.

LE PLUS BAS

Le teckel est la race de chien la plus petite élevée pour la chasse. Ses pattes courtes lui permettent d'entrer facilement dans les galeries creusées par les animaux.

LE PLUS GRAND

Un dogue allemand baptisé Gibson détient le record du chien le plus grand. Quand il se tient debout sur ses pattes arrière, il mesure plus de deux mètres de haut!

LE PLUS RAPIDE

Les lévriers courent vraiment très vite. Ils peuvent atteindre une vitesse de 72 kilomètres à l'heure!

 LE PLUS BEAU

Nous, les chiens, aimerions vous rappeler que *la beauté est dans les yeux de celui qui regarde.*

Le nez du bouledogue est conçu pour que ce chien puisse mordre le nez du taureau tout en continuant à respirer.

Le carlin tient son nom d'un acteur italien qui portait un masque noir.

Blague à part, le chien des Pyrénées est vraiment un beau chien.

BOULEDOGUE   **CARLIN**   **CHIEN DES PYRÉNÉES**

 LE COMIQUE DE LA CLASSE

Nous, les chiens, avons, en général, un bon sens de l'humour. Nous rirons à tes plaisanteries, surtout si tu nous les dis en tenant notre gamelle pleine. Mais, le vrai clown du monde canin, c'est le beagle.

Voilà de quoi rire!

Les recherches donnent à penser **que nous, les chiens, rions VRAIMENT.** Les chercheurs disent que notre rire ressemble à un halètement, mais qu'il a un rythme différent. On a même fait jouer les enregistrements de ce « rire » dans des refuges pour chiens. L'effet sur les chiens a été positif : ils ont remué la queue et se sont léché les babines!

 LE PLUS INTELLIGENT

Nous ne sommes pas assez intelligents pour déterminer lequel de ces chiens est le plus intelligent. (Ils sont tous *très* intelligents.)

BORDER COLLIE   CANICHE   GOLDEN RETRIEVER

LE PLUS SUSCEPTIBLE D'AVOIR DU SUCCÈS

Un chien baptisé Country, en Pennsylvanie, détient le record du saut le plus long. Il a sauté à plus de huit mètres!

Un doberman baptisé Sauer a suivi la trace d'un voleur sur une distance de 160 kilomètres rien qu'en flairant l'odeur de l'homme.

Augie, un golden retriever du Texas, détient le record du chien capable de tenir dans sa bouche le plus grand nombre de balles de tennis, soit cinq à la fois.

Le lévrier est rapide. Le boxer est puissant. Les chiens de traîneau ont une endurance incroyable. Mais de nombreux experts s'accordent pour dire que le bouledogue américain est l'athlète le plus complet et qu'il est tout simplement fort.

Tant qu'il n'y aura pas de Jeux olympiques pour chiens, nous n'en saurons rien!

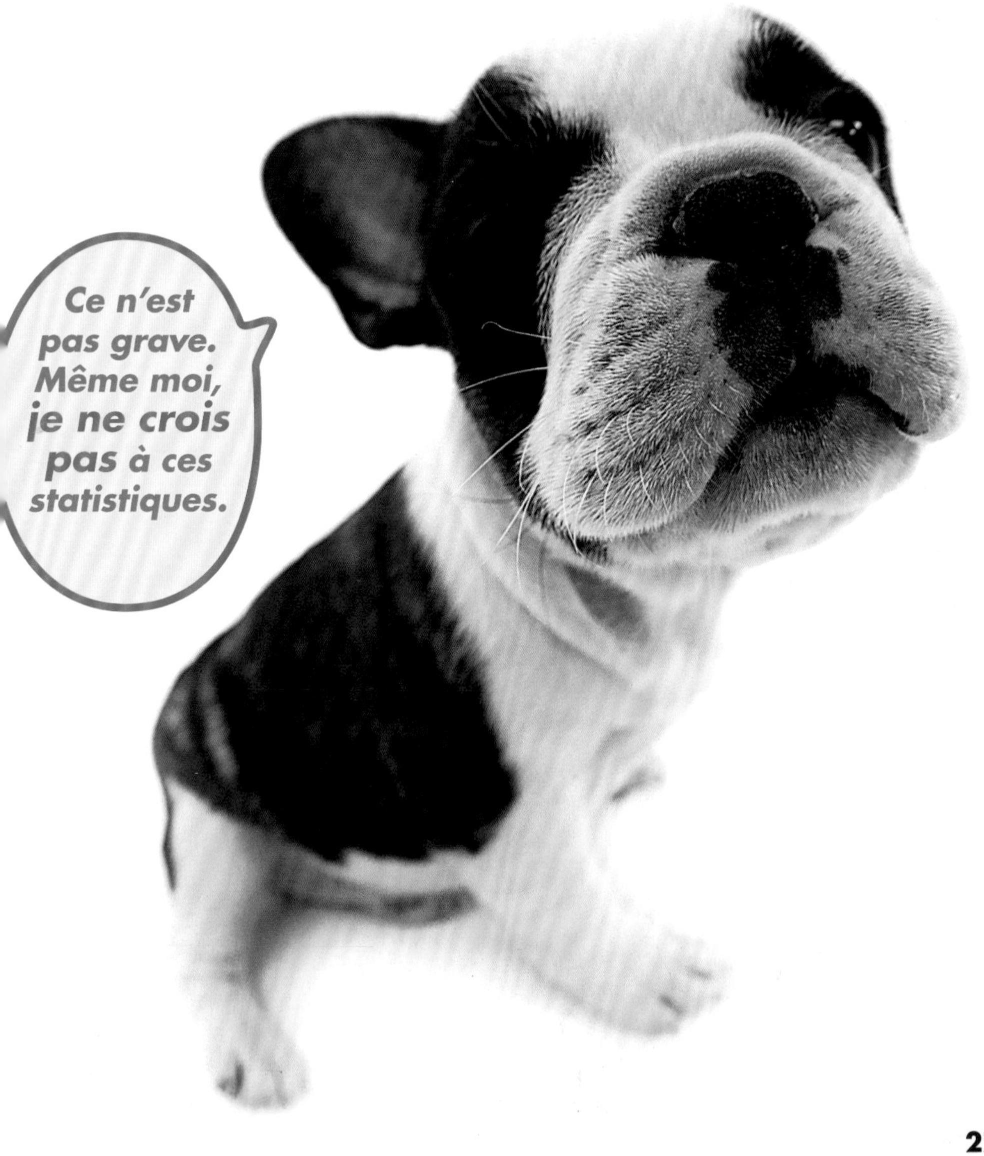

Ce n'est pas grave. Même moi, je ne crois pas à ces statistiques.

☻ LE PLUS HEUREUX

Nous avons de la nourriture?
Nous avons un jouet?
Nous avons un ami?
Nous avons un travail?
Nous avons une famille?
Nous avons une couchette?
Nous avons de l'espace?

Alors, nous sommes
vraiment heureux!

☻ LE PLUS « MÉLANGÉ »

Un chien « croisé » est un chien né d'un mélange de deux races
ou davantage. Il arrive qu'on élève exprès des chiens de races
mélangées, comme le cockapoo (le croisement d'un cocker et
d'un caniche nain).

Si un tableau n'était pas très réussi, j'y ajoutais un chiot...

— Norman Rockwell

Un chien te pardonnera plus vite que n'importe quel humain.

— Peter Gray

Le chien a son sourire dans sa queue.

— Victor Hugo

Le chien a été créé juste pour les enfants. C'est le dieu de la fête.

— Henry Ward Beecher

J'aime le chien. Il ne fait rien pour des raisons politiques.

— Will Rogers

Si vous recueillez un chien affamé et que vous assurez son bien-être, il ne vous mordra pas; c'est la principale différence entre un chien et un homme.

— Mark Twain

Même les tout petits caniches ou chihuahuas sont restés des loups.

— Dorothy Hinshaw

BLAGUES

Chaque espèce a son mot pour rire.

Quels chiens forment à eux deux
une province du Canada?
*Le terre-neuve
et le labrador.*

Que disent deux chiens qui se croisent à Tokyo?
Jappons.

Qu'est-ce que les chiens craignent?
Les CHATouilles.

Quel est le prénom préféré
des chiens?
OScar.

🐾 DE LA PART DES CHIENS :

Chers chats,

Merci à vous d'être des chats.
Nous aimons les chats.
Les chats sont rigolos.
Ils sont intelligents aussi.

Mais puisqu'ils sont petits, ça n'a aucune
importance.

Quand nous voyons des chats, nous aimons leur
courir après, leur sauter dessus, les secouer
et mordre leur...

Non, non, non. Vilain chien.
Vi... lain... chien. Lâche-le!

Merci à vous d'être
des chats.

Nous aimons les chats.
Les chats sont rigolos.

Cordialement,

Les chiens

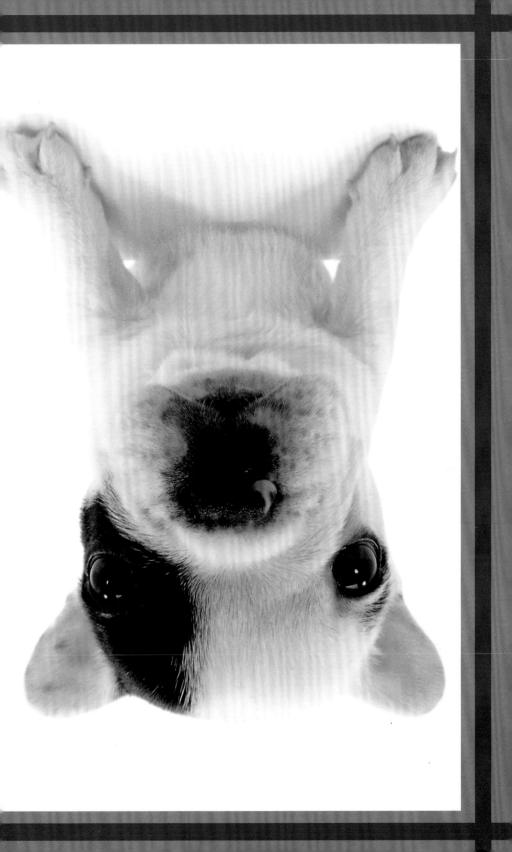